León Rugiente y Ángel de Luz

León Rugiente y Ángel de Luz

Datos de contacto del autor:
Gloirendongala.com
Instagram: Gloire777
Facebook: Gloire Emmanuel Ndongala

ISBN: **978-1-7373259-7-0**

Publicado por,
Gloire Emmanuel Ndongala

Testimonio de los lectores

"Este libro está inspirado por Dios, y usa las Escrituras para respaldar la revelación de Su palabra. Gloire Ndongala entrelaza historias reveladoras que lo han llevado a la percepción que encontramos en el texto. Hay momentos de "ajá", de humor y "conversación profunda" que te mantienen con ganas de seguir leyendo. Es una gran herramienta a usar, especialmente ahora, para recordarnos cómo combatir al enemigo con la Palabra de Dios en este tiempo extremadamente intenso".

Doctor Diane Bardeen, autor de: "Yesterday's Gone.", M. Ed, en busca del doctorado en Educación en Liderazgo Ejecutivo.

""¡¡¡Guau, guau!!! Esto es todo lo que puedo decir de este nuevo libro. Para entender los planes que el enemigo está utilizando en tiempos modernos, realmente se necesita una comprensión profética. Este libro ha sido escrito para tiempos como los de hoy, con el fin de revelar a los guerreros de oración cómo posicionarse para luchar con eficacia. Mientras leía el manuscrito, sentí la necesidad de reinventarme como un guerrero. Si ustedes quieren realmente tener una comprensión clara de cómo el enemigo está conspirando hoy en el mundo entero, créanme, realmente necesitan leer este libro, es esencial".

Doctor Ansy Dessources

www.ansydessources.com

"Un soldado espera atento y se prepara con diligencia para el día en que es llamado a la lucha. *León Rugiente y Ángel de Luz* ha llegado y el apóstol Gloire nos ofrece, directamente desde la sala del trono del Rey un detallado plan de batalla. Identificando las fuerzas y debilidades de nuestro enemigo, despedaza el plan de batalla del adversario y lo hace de una manera que abre nuestros ojos espirituales al mundo invisible al que nos enfrentamos en la actualidad. No importa en qué punto te encuentres de esta furiosa batalla espiritual, este libro será tu porta armas caminando a tu lado hasta el final. El libro cambia de marcha un par de veces llevándote hacia adelante más y más profundamente en la batalla. El capítulo final es tan único como poderoso. ¡Qué libro tan perfecto para el día y los tiempos en que vivimos! ¡Si quieres vencer en la batalla espiritual que se avecina, este libro es tu boleto! "

Donnie Bostwick, entrenador de baloncesto masculino, Oklahoma, Wesleyan University, Spirit led coach (www.spiritledcoach.com)

"¡Revelador! Gloire Ndongala realmente ha percibido lo que está pasando en nuestro país y en el mundo de hoy. Nos encontramos en una batalla espiritual cada vez más intensa con fuertes voces engañándonos por todos lados. El libro de Gloire nos ayuda, con eficacia, a identificar las tácticas del enemigo de nuestra alma para poder resistirle mejor y distinguir la verdad del error ".

Kimberly Winkowitsch, Maestría en educación primaria, profesora y escritora.

“Con cada libro que escribe Gloire, aprendo y crezco. Este no es diferente. Gloire nunca ha tenido miedo de decir la verdad de Dios, incluso si no es popular entre los cristianos. Increíble que cristianos no estén de acuerdo con la verdad de Dios ¿verdad? Eso es exactamente lo que este libro explora. El enemigo sabe cómo pervertir la verdad y hacernos parte de este mundo, cuando eso es precisamente lo contrario de lo que Dios nos llama a ser. Este libro puede ser que te ofenda, pero te convencerá, te hará humilde y te acercará más a Dios para mantenerte firme en contra del enemigo. ¡ESCUCHA IGLESIA!”

Britani Sanchez

Editora

Tabla de contenidos

Capítulo I: Despertar

Hay muchas maneras de hacer guerra, y esto lo podemos observar continuamente con el rápido avance tecnológico de hoy en día. La guerra moderna, sin dejar de ser guerra, no es nada en comparación con lo que pasó hace ochenta años. Las estrategias tácticas han cambiado, pero el objetivo es el mismo: *destruir al enemigo.*

De manera similar, pero en un sentido espiritual, los cristianos también están en guerra en estos momentos (Efesios 6:12). Esta guerra, aunque desconocida por muchos, es en contra del maligno. El diablo posee tácticas específicas que utiliza para la guerra contra la humanidad cuyo único objetivo es nuestra destrucción. La Biblia llama a estas tácticas, *esquemas* o *artimañas.* Pablo escribe, dirigiéndose al conflicto que estaba ocurriendo en Corinto:

> *A quien vosotros perdonéis, yo también lo perdono. De hecho, si había algo que perdonar, lo he perdonado por consideración a vosotros en presencia de Cristo, para que Satanás no se aproveche de nosotros, pues no ignoramos sus artimañas[esquemas]. (2 Corintios 2:10-11, NVI).*

La palabra "esquema o artimaña" en griego es *methodeía.* El significado de esta palabra es interesante. En cierto modo, representa una dirección, "una forma de buscar algo, una indagación; un método"[i]". En pocas palabras, es un plan maligno diseñado para conducir a alguien a la destrucción.

El diablo no ataca al azar, sino que planea sus ataques de antemano, y una de las peores cosas que le puede pasar a un creyente es no ser consciente de los ataques del enemigo.

En 2020, el mundo cambió para siempre. Muchos recordarán el virus llamado COVID-19. Este virus no ha sido el peor virus que haya atacado a la humanidad, pero la falta de prevención cuando se manifestó ha hecho que muchas personas hayan sido vulnerables a morir del contagio. El miedo prevaleció sobre el sentido común, tanto que mucha gente durante la crisis, en ataques de histeria, llegaron a comprar todo el papel higiénico de las tiendas.

Cuando la causa de un problema no es segura, como sociedad nos volvemos inseguros. En nuestra inseguridad, perdemos de vista los principios fundamentales y adoptamos medidas irracionales. Ser irracional es exactamente el estado mental en el que el enemigo quiere que estemos. Es fácil ser engañado cuando se toman decisiones de manera irracional. La fe, por el contrario, puede parecer irracional desde la perspectiva del hombre, pero la racionalidad de la fe se basa en la Palabra de Dios.

El hecho de que Pablo exprese en 2 Corintios 2 que: "*para que Satanás no se aproveche (quite el ingenio) de nosotros", indica* que la batalla tiene que ver con nuestra mente, de ahí el término "ingenio". La Biblia habla de cómo "*. . . no nos ha dado Dios un espíritu de cobardía sino de poder, de* *amor y de dominio propio*" (2 Timoteo 1:7 RVA-2015). Una manera de vencer el miedo es tener una mente sana. Cuando nuestra mente es disciplinada, es más difícil ceder a patrones de pensamiento irracionales.

Pero el miedo no es el único método de ataque del enemigo. En la Biblia, Satanás también aparece como el engañador. Juan dice en Apocalipsis 12:9: "*Así fue expulsado el gran dragón, aquella serpiente antigua que se llama Diablo y Satanás, y que engaña al mundo entero. Junto con sus ángeles, fue arrojado a la tierra.*" ¡Engañador del mundo entero! Un título apropiado para la astuta serpiente.

El engaño rara vez es detectado al principio porque así desarma la percepción de la persona. En lugar de actuar como nuestro enemigo, Satanás se hace pasar por nuestro amigo y nos promete el mundo solo para que terminemos en el infierno. El diablo no siempre se presenta como una serpiente. A veces, actúa a través de algún familiar, o profesor, o nuestro interés amoroso, o líder religioso y libertador.

A luz de esto, es necesario entender que hay dos formas en las que el diablo intenta llevar a cabo sus planes. La primera es el **miedo** y la segunda es el **engaño**. Con estas dos palabras se deducen todas las operaciones del diablo. El te va a intimidar a través del miedo o te cautivará a través de cumplidos. El diablo viene como un león rugiente o como un ángel de luz.

Por lo tanto, debemos despertar a la realidad de las maquinaciones del diablo. Despertar no significa, de ninguna manera, que debemos estar centrados en el demonio, más bien, debemos tener una sólida comprensión de aquello a lo que nos enfrentamos. Este sólido entendimiento debe estar bien fundado en la verdad de la Palabra de Dios y no en cuentos de hadas que intentan tratan al diablo como “el señor” cuando en realidad es un ser creado.

Preguntas de discusión:

1.) **¿Cuál es tu propia percepción del mundo espiritual y cómo has llegado a esa conclusión?**
2.) **Si estuvieras en la primera etapa del engaño, ¿cómo lo sabrías?**
3.) **¿Estoy demasiado centrado en los demonios o demasiado ignorante de ellos?**
4.) **¿Cuáles son las repercusiones de permanecer en la ignorancia de la verdad bíblica y su aplicación en el ámbito espiritual?**
5.) **¿Cómo interactúan el reino de lo natural y el reino del espíritu? ¿Cuáles son las consecuencias de estas interacciones en tu vida?**

Capítulo II: Ángeles

Hay que comprehender los orígenes del demonio para tener un mejor entendimiento. No siempre fue una serpiente que se arrastra por el suelo. Hubo un tiempo en que él era absolutamente hermoso. Fue en el tiempo antes de la creación de este mundo, un tiempo en el que sólo existían Dios y los ángeles.

Según las Escrituras, los ángeles fueron creados antes de que la fundación de la tierra se estableciera. El libro de Job nos da la perspectiva de cómo se crearon los ángeles. Después de que Job se defendiera de las acusaciones de sus amigos e intentara proteger su integridad, Dios finalmente interviene y declara:

> *¿Dónde estabas cuando puse las bases de la tierra? ¡Dímelo, si de veras sabes tanto! ¡Seguramente sabes quién estableció sus dimensiones y quién tendió sobre ella la cinta de medir! ¿Sobre qué están puestos sus cimientos, o quién puso su piedra angular mientras cantaban a coro las estrellas matutinas y todos los ángelesgritaban de alegría? (Job 38:4-7, NVI).*

Un tercio de la Biblia hebrea es poesía, y el libro de Job entra en esta categoría. A diferencia de la poesía en otros idiomas, la poesía hebrea se centra en el significado de lo que se quiere expresar, es decir, no riman las palabras, sino más bien riman las ideas. Al tipo de poesía hebrea que conecta los pensamientos mientras que los escribe de diferentes maneras se le llama paralelismo sinónimo [ii].

Podemos ver un ejemplo de paralelismo sinónimo en Job 38. Cuando Dios dice: "mientras las estrellas matutinas" y luego expresa que: "todos los ángeles gritaban de alegría", el texto no habla de dos ideas diferentes, sino de la misma idea expresada de forma diferente. Aquí las estrellas de la mañana representan a los ángeles. En otras palabras, los ángeles cantaron juntos y los ángeles gritaron de alegría.

Esta actividad de los ángeles, según este pasaje, están aconteciendo mientras Dios crea la tierra, lo que posiblemente significa que los ángeles ya existían antes de que Dios creara el mundo. ¿Desde cuándo han existido? No lo sabemos, porque la Escritura no nos da una información completa sobre ello. Sin embargo, como los seres humanos no fueron creados hasta el sexto día, cada día antes de la creación del hombre enriquecía el conocimiento y la revelación de los ángeles que pudieron presenciar la majestad de Dios expuesta en toda la creación. Estos seres celestiales fueron bendecidos con la capacidad de estar presentes en el primer Edén, el Cielo.

Según la Biblia, hay cuatro tipos de ángeles, y cada uno de ellos parece tener una tarea específica. Algunos piensan que hay más de cuatro, debido al pasaje de las ruedas de Ezequiel (Ezequiel 1), pero nosotros nos vamos a centrar en cuatro clasificaciones de ángeles, sin ningún orden de importancia en particular, de manera que no se puede negar la existencia de ángeles.

El primer tipo de ángel es conocido como Arcángel. Sin mencionar los libros no canónicos de la Biblia, solo hay un ángel que las Escrituras denominan Arcángel, y ese es el Arcángel Miguel. A Miguel solo se le da el nombre de Arcángel dos veces en la Biblia: en 1 Tesalonicenses 4:16 y en Judas 1:9. Su nombre es mencionado en el Antiguo Testamento en Daniel 12:1-3 y en el Nuevo Testamento en Apocalipsis 12:6-12.

El nombre del Arcángel Miguel es una afirmación en forma de una pregunta retórica: "¿quién es como Dios?" La respuesta obviamente es: ¡nadie es como Dios! Verdaderamente fuimos creados a su imagen, aunque haya atributos de Dios que no nos fueron concedidos. Estos atributos son conocidos como atributos incomunicables de Dios: su omnipresencia (estar presente en todo lugar), omnisciencia (que todo lo sabe) y su omnipotencia (todopoderoso). Miguel forma parte del grupo limitado de ángeles cuyo rango es mencionado. Su rango sería jefe o líder debido al título "*arc*" que significa "superior" o "leader" en griego.

Parte de su misión es luchar y velar por Israel, especialmente al final de los días. El libro de Daniel enfatiza la relación entre Miguel y el pueblo de Israel, cuando Daniel escribió lo que vio en una visión: "Entonces se levantará Miguel, el gran príncipe protector de tu pueblo. Habrá un periodo de angustia, como no lo ha habido jamás desde que las naciones existen. Pero tu pueblo será liberado: todos los que están inscritos en el libro" (Daniel 12:1).

El otro aspecto de su propósito es luchar contra los enemigos de Dios, como se describe en Daniel 10:13 cuando rescata al ángel Gabriel. También en Apocalipsis 12:6-12, cuando Miguel está luchando contra Satanás y sus ángeles y expulsándolos del cielo. A pesar de que luchó contra los enemigos de Dios, es importante notar que su mayor fortaleza no es su valor o su rango, sino su capacidad de confiar en el SEÑOR.

Vislumbramos la confianza que Miguel tiene en el Señor en Judas 1:9. Ahí Judas hablando de lo arrogantes que se vuelven algunos hombres, afirma: "Ni siquiera el arcángel Miguel, cuando discutía con el diablo disputándole el cuerpo de Moisés, se atrevió a pronunciar contra él un juicio de maldición, sino que dijo: «¡Que el Señor te reprenda!» (Judas 1:9). Judas usa este versículo para resaltar el fuerte contraste entre la mansedumbre de Miguel (en control de su poder) y la arrogancia de los hombres. Siendo superior, podemos pensar que podría haber, simplemente, maltratado a Satanás y continuado su camino, sin embargo, ni discute con Satanás ni presta atención a sus tonterías. Sencillamente le dice: "¡Que el Señor te reprenda!".

El siguiente ángel que es mencionado en la Biblia es Gabriel, cuyo nombre significa "poderoso hombre de Dios[iii]". A diferencia de Miguel, cuyo título está antes de su nombre, el título de Gabriel está incluido en su nombre por la tarea que siempre está haciendo, llevar el mensaje de Dios. Con Gabriel, surge la idea de "ángeles mensajeros". Estos son ángeles que llevan el mensaje de Dios a la humanidad.

El ángel Gabriel es mencionado cinco veces en la Biblia. En el Antiguo Testamento, lo encontramos en tres capítulos: Daniel 8:16; 9:21 y posiblemente Daniel 10. En el Nuevo Testamento, se le menciona por su nombre en dos ocasiones, ambas se encuentran en el capítulo 1 de Lucas. Gabriel está de pie en la mismísima presencia de Dios (Lucas 1:19).

Según las Escrituras, parece haber una diferencia de poder entre Gabriel y el arcángel Miguel. De hecho, las Escrituras estipulan que Miguel rescató a Gabriel del Príncipe de Persia. Es crucial entender que cuando Daniel habla del Príncipe de Persia se está refiriendo también a la entidad que hay detrás del hombre, porque ningún hombre tiene poder de contener a un ángel por su propia fuerza, especialmente un ángel que está en la presencia de Dios (Daniel 10:13).

El siguiente tipo de seres angelicales que conocemos, después del arcángel Miguel y Gabriel, no tienen nombre y se conocen simplemente por su descripción, serafines, que significa "seres ardientes". La Biblia menciona a los serafines con este nombre solamente en Isaías 6:1-7. Isaías tiene una visión divina y la describe así:

> *"El año de la muerte del rey Uzías, vi al Señor excelso y sublime, sentado en un trono; las orlas de su manto llenaban el templo. Por encima de él había serafines, cada uno de los cuales tenía seis alas: con dos de ellas se cubrían el rostro, con dos se cubrían los pies, y con dos volaban. Y se decían el uno al otro: «Santo, santo, santo es el SEÑOR*

Todopoderoso; toda la tierra está llena de su gloria». Al sonido de sus voces, se estremecieron los umbrales de las puertas y el templo se llenó de humo. Entonces grité: «¡Ay de mí, que estoy perdido! Soy un hombre de labios impuros y vivo en medio de un pueblo de labios blasfemos, ¡y no obstante mis ojos han visto al Rey, al SEÑOR Todopoderoso!» En ese momento voló hacia mí uno de los serafines. Traía en la mano una brasa que, con unas tenazas, había tomado del altar. Con ella me tocó los labios y me dijo: "Mira, esto ha tocado tus labios; tu maldad ha sido borrada, y tu pecado, perdonado». (Isaías 6:1-7).

Estos seres angelicales son descritos aquí como criaturas con seis alas que vuelan en torno a la sala del trono de Dios, proclamando su grandeza. Es como si cada vez que giran alrededor de Dios, parecen encontrar algo nuevo en Él, provocándoles a anunciar cuán diferente, único e incomparable es Dios: ¡es santo!

Los ángeles de la última categoría son conocidos como Querubines. La palabra "querubín" tiene un significado desconocido. Sin embargo, si observamos cuidadosamente su uso en las Escrituras, encontramos indicios de lo que puede significar la palabra. Génesis es el primer lugar donde se menciona a los querubines después de que el hombre cayó en pecado.

A los querubines se les ordenó que custodiaran el árbol de la vida para que el hombre no comiera de él y evitar así que viviera condenado para siempre (Génesis 3:24). Después de esta breve mención en Génesis, son mencionados varias veces más en la Biblia. La mayoría de las veces que se habla de ellos los encontramos ya sea protegiendo algo importante o cerca del trono de Dios.

En Éxodo 25:18-22, Dios le habla a Moisés y le pide que coloque dos Querubines en el Arca de la Alianza, uno frente al otro cubriendo con sus alas el propiciatorio. En Ezequiel, se les representa cargando el trono de Dios (Ezequiel 1). La imagen de Dios montado en los querubines también es descrita poéticamente en el Salmo 18:10 y 2 Samuel 22:11, allí David se expresa así: "Montando sobre un querubín surcó los cielos y se remontó sobre las alas del viento" (Salmo 18:10).

Muchos creen que es a esta orden de ángeles que Satanás pertenecía. Es una posición muy honorable estar cerca del trono de Dios y en su presencia, sin sufrir hambre o sed jamás, sin que nada le faltara. Que maravillosas y hermosas eran estas criaturas, y, sin embargo, en medio de esta belleza, el mal encontró lugar.

Preguntas de discusión:

1.) ¿Cuándo fueron creados los ángeles? ¿En qué parte de la Biblia podemos confirmar la información sobre la creación de los ángeles?
2.) Según el autor, ¿cuántas clasificaciones de ángeles existen?
3.) ¿Quién es el Arcángel Miguel y cuál es su cualidad más sobresaliente?
4.) ¿Qué cree el autor que les estaba sucediendo a los serafines que les hacía repetir sin cesar: "santo, santo"?
5.) ¿A qué orden de ángeles se cree que Satanás podría haber pertenecido? ¿Cuál era la tarea de estos seres angelicales?

Capitulo III: El orgullo interior

No existe ningún ángel más perverso que Satanás. Toda cultura tiene opiniones propias sobre la identidad de este ser. De entre todos los diferentes escritos que hay sobre Satanás, las mejores descripciones sobre quién es, se encuentran en la Biblia. Además del libro de Apocalipsis; Ezequiel e Isaías nos han dado algunas de las mejores explicaciones del origen de Satanás y del destino de su futuro. En ambos libros, Ezequiel e Isaías dedican una parte significativa de su contenido para describir a Satanás y su caída.

El primer pasaje que vamos a explicar es el de Ezequiel. Al leer literatura profética debemos tomar en cuenta dos cosas: Número uno, Dios es espíritu, por lo que se centra más en la rama espiritual que en las implicaciones físicas (Juan 6:63). Un buen ejemplo de esto es cuando Dios le dice a Adán que, si come la fruta, morirá. Al comer la fruta, no murió físicamente, pero si murió espiritualmente (Génesis 3).

Número dos, debemos entender que la profecía tiene diferentes niveles. Como ejemplo, veamos lo que Dios le dice a la serpiente después de que engañó a Eva:

"Pondré enemistad entre tú y la mujer, y entre tu simiente y la de ella; su simiente te aplastará la cabeza, pero tú le morderás el talón" (Génesis 3:15).

A primera vista, parece que Dios le está hablando solo a la mujer y a su descendencia y a la serpiente y la descendencia de esta.

Pero a medida que la historia de la humanidad se desarrolla, se vuelve evidente lo que Dios realmente quiso declarar cuando dijo: " su simiente te aplastará la cabeza, pero tú le morderás el talón ". Dios está hablando concretamente de un descendiente, que ciertamente aplastará la cabeza de la serpiente, pero también experimentará dolor al derrotarla. Sólo puede haber una persona que realmente cumpla con este criterio, y esa persona es Jesucristo. Jesús fue clavado en la cruz y...

> *"...fue traspasado por nuestras rebeliones, y molido por nuestras iniquidades; sobre el recayó el castigo, precio de nuestra paz y gracias a sus heridas fuimos sanados" (Isaías 53:5).*

Por lo tanto, la profecía puede referirse tanto a la situación actual como al resultado futuro de las cosas. Tanto las conclusiones presentes como las futuras son aspectos esenciales de la profecía. Con esto en mente, uno debería saber lo que se está desarrollando en el texto, antes de profundizar y desentrañar las diferentes capas de la palabra profética.

Entonces, aquí tenemos el contexto de Ezequiel 28. Habiéndose referido a Tiro como una nación en los capítulos 26 y 27, Ezequiel se concentra ahora en los líderes de esta. Tiro era una ciudad ubicada en lo que actualmente es el Líbano. Según Ezequiel, era un lugar extraordinariamente hermoso y rico.

Desafortunadamente, Tiro se llenó de orgullo y celebró la caída de Israel. Fue por esta celebración que Dios hizo que Ezequiel promulgara un juicio sobre Tiro y sus habitantes (Ezequiel 26, Proverbios 24:17-18).[iv] El orgullo de Tiro naturalmente provenía de su rey. Se cree que Itobaal III fue el rey de Tiro durante la época en que Ezequiel estaba escribiendo su pergamino. Su nombre significa: "hacia el ídolo"[v]. Como su nombre, así era su vida: un hombre que no miraba hacia Dios, sino que se veía a sí mismo como un dios. También adoraba ídolos, lo que significa que tenía una relación íntima con demonios.

Pablo, en el Nuevo Testamento, hablando de la carne sacrificada a los ídolos, escribió: "No, sino que cuando ellos ofrecen sacrificios lo hacen para los demonios, y no para Dios, y no quiero que ustedes entren en comunión con los demonios" (1 Corintios 10:20). La razón por la que Pablo escribió esto tenía que ver con que Dios era un Dios celoso y que la gente estaba siendo influenciada negativamente por estos demonios. Es esta influencia negativa a la que Ezequiel se refiere en el capítulo 28:11-19 en relación con el rey de Tiro.

Además, es importante saber que la posesión demoníaca no aparece solamente en el Nuevo Testamento, sino que ha existido desde la caída del hombre. El Nuevo Testamento solo la destaca más. En consecuencia, si una persona adora ídolos, les da a los demonios un nivel significativo de acceso y control sobre su ser. Por lo que esta persona está poseída.

Por lo tanto, al leer un pasaje de esta naturaleza, no podemos ignorar el plano espiritual. Necesitamos entender la dinámica del reino espiritual y su papel en nuestras vidas. Con esta visión más completa de las Escrituras, no hay lugar a dudas de a quién se está refiriendo Ezequiel en estos versículos, porque habla de él como un ser celestial y expulsado del Edén.

Este es el pasaje:

"El SEÑOR me dirigió la palabra: «Hijo de hombre, entona una elegía al rey de Tiro y adviértele que así dice el SEÑOR omnipotente:» "Eras un modelo de perfección, lleno de sabiduría y de hermosura perfecta. Estabas en Edén, en el jardín de Dios, adornado con toda clase de piedras preciosas: rubí, crisólito, jade, topacio, cornalina, jaspe, zafiro, granate y esmeralda. Tus joyas y encajes estaban cubiertos de oro, y especialmente preparados para ti desde el día en que fuiste creado. Fuiste elegido querubín protector, porque yo así lo dispuse. Estabas en el santo monte de Dios, y caminabas sobre piedras de fuego. Desde el día en que fuiste creado tu conducta fue irreprochable, hasta que la maldad halló cabida en ti. Por la abundancia de tu comercio, te llenaste de violencia, y pecaste. Por eso te expulsé del monte de Dios, como a un objeto profano. A ti, querubín protector, te borré de entre las piedras de fuego. A causa de tu hermosura te llenaste de orgullo. A causa de tu esplendor, corrompiste tu sabiduría. Por eso te arrojé por tierra, y delante de los reyes te expuse al ridículo. Has profanado tus santuarios, por la gran cantidad de tus pecados, ¡por tu comercio corrupto! Por

eso hice salir de ti un fuego que te devorara. la vista de todos los que te admiran te eché por tierra y te reduje a cenizas. Al verte, han quedado espantadas todas las naciones que te conocen. Has llegado a un final terrible, y ya no volverás a existir"». (Ezequiel 28:11-19).

Dios le dice: "Eras un modelo de perfección, lleno de sabiduría y de hermosura perfecta" (Ezequiel 28:12). Sabemos que después del pecado de Adán en el jardín, todos los hombres son considerados pecadores (Romanos 5:12). ¿Cómo es entonces que es un modelo de perfección? A menos que, dado que Dios es Espíritu, ve la fuerza espiritual que hay detrás del rey y se dirija a esa fuerza. Es esa fuerza de la que algunos comentadores han concluido que es Satanás, el ángel caído. Debido a esto, hay mucho que extraer de este pasaje sobre Satanás. Vamos a analizarlo verso por verso.

Como ya se dijo, era un modelo de perfección lleno de sabiduría y hermosura perfecta. Estaba en el Edén, el jardín de Dios, que es sinónimo del cielo. Tenía joyas preciosas que lo formaban, no porque literalmente estuviera hecho de joyas, sino porque era precioso en la forma en que fue adornado con esplendor y gloria. También se puede dar fe de que estas joyas no producen luz propia, sino que reflejan la luz. Posiblemente, Satanás pudo haber comenzado a creer que él era quien *emanaba* la gloria en lugar de *imitar* la gloria de Dios.

Cuando Dios dice: "...Tus joyas y encajes estaban cubiertos de oro, y especialmente preparados para ti desde el día en que fuiste creado"

(Ezequiel 28:13), está hablando de los instrumentos musicales que fueron erigidos en Satanás. "Tus joyas y encajes" en realidad significa panderos y flautas. Cuando dice que "la hechura de tus panderos y flautas fue preparada para ti", sugiere que antes de su caída, Satanás tenía un papel importante en la música del cielo en torno al trono de Dios.[vi]

Además, era un guardián ungido es decir un querubín protector. Ser ungido lo hacía, intrínsicamente el Querubín de querubines. Fue creado para proteger y, sin embargo, ahora trabaja duro para *desproteger* y avergonzar.

Satanás estaba en el monte santo de Dios y caminaba sobre piedras de fuego. El concepto de Monte de Dios tiene que ver con la morada de Dios (Salmo 24:3-4). Las piedras de fuego podrían representar, posiblemente, a otros seres angelicales (Salmo 104:4; Ezequiel 1:13; Ezequiel 10:2,6,7; Apocalipsis 4:5). ¡Caminó en la mismísima presencia de Dios con otros ángeles! Fue irreprensible en todos sus caminos hasta que la maldad, una mejor traducción sería iniquidad, halló cabida en él.

Es importante comprender que no fue solamente un pecado, como si accidentalmente hubiera cometido un error. No fue una intrusión, porque no solo pasó el límite y volvió atrás. Tampoco fue una transgresión porque incluso las transgresiones implican que uno podría volver voluntariamente. Fue iniquidad: Satanás determinó dentro de sí mismo que este era el camino que iba a tomar, y no se dejó convencer de lo contrario.

En esta misma línea, Dios declara: "Por la abundancia de tu comercio, te llenaste de violencia, y pecaste ..." (Ezequiel 28:16). Aquí la profecía se conecta con el rey físico y también habla del enemigo. Tiro era conocido por su comercio y, muchas veces, las personas se vuelven demasiado competitivas y orgullosas cuando comercian y ganan mucho dinero.

Esto también es un reflejo de Satanás en el sentido de que, debido a su belleza, se volvió competitivo viéndose a sí mismo como el mejor y no como parte de un todo. Este orgullo fue la causa del juicio pronunciado en su contra y de su expulsión de la Presencia de Dios.

Nosotros también debemos tener cuidado de no volvernos demasiado competitivos. Una de las obras de la carne es el espíritu de competitividad. En la Biblia, las obras de la carne son: "idolatría y brujería; odio, discordia, celos, arrebatos de ira, rivalidades (competitividad), disensiones, sectarismo" (Gálatas 5:20).

Esto no significa, de ninguna manera, que no debamos competir, sino que nuestra competencia no debe estar plagada de comparaciones. Sencillamente, no codiciar la capacidad del prójimo y no considerarse mejor que ellos porque al hacerlo estamos buscando nuestra propia gloria en lugar de la gloria de Dios.

Aunque Satanás fue expulsado de la presencia de Dios, no leemos en ninguna parte que fuera despojado de sus joyas. Sus panderos y flautas, belleza y sabiduría no le fueron quitados. Satanás todavía puede aparecer hermoso, todavía está lleno de sabiduría y aún puede crear música.

Preguntas de discusión:

1.) Describe las ramificaciones espirituales resultado de la desobediencia de Adán al comer el fruto prohibido y compáralas con las consecuencias espirituales de la rebelión de Satanás.

2.) Defiende la posición de Ezequiel 28 que habla sobre Satanás y su caída.

3.) Describe la diferencia entre una competencia sana y una competencia enraizada en motivos pecaminosos.

4.) ¿Cómo son descritas las habilidades de Satanás en Ezequiel 28 que están en acción en el mundo de hoy?

5.) Describe la diferencia entre los cuatro tipos de pecado enumerados en este capítulo y analiza qué tipo de pecado cometió Satanás.

Capitulo IV: Los "haré" de Satanás

El siguiente pasaje lo encontramos en Isaías 14. De la misma manera que con Ezequiel, Dios habla a través de Isaías dirigiéndose a la raíz espiritual del problema y el futuro a la luz del juicio de Dios. Mientras que en Ezequiel los israelitas ya estaban en el exilio de Babilonia, los escritos de Isaías son anteriores al exilio. Durante el tiempo de Isaías, Dios todavía estaba advirtiendo a los hijos de Israel sobre el juicio inminente que se avecinaba si no se arrepentían. Sin embargo, incluso mientras pronunciaba juicio sobre su pueblo, Dios, que es rico en misericordia, también anunciaba un plan para rescatar a Israel y juzgar a Babilonia, el futuro opresor (Isaías 13-14).

El clímax se encuentra en el capítulo 14, donde Dios le habla al Rey de Babilonia y a la entidad que influye en su reino (Satanás). Hay gente que no creen que esta es una profecía que tenga que ver con Satanás sino más bien una referencia a Nabucodonosor, futuro rey de Babilonia. Sin embargo, encontramos algunas fallas en la opinión de que la profecía se refiere únicamente a Nabucodonosor. [vii]

Si leemos el capítulo 4 de Daniel encontramos la historia sobre el rey Nabucodonosor que contradice la profecía de Isaías si consideramos que se trata solamente del rey Nabucodonosor. Según Daniel 4, el rey Nabucodonosor fue humillado, pero Dios no lo mató. En cambio, fue en este lugar de derrota donde finalmente declaró que el Dios del cielo era en verdad el Dios verdadero. Esto nos hace llegar a la conclusión de que no era solo de Nabucodonosor de quien hablaba el profeta Isaías, sino también del influenciador: Satanás.

El núcleo de la profecía se encuentra en Isaías 14:11-15:

"Tu ostentación y el sonido de tus liras han sido derribados hasta el Seol. Los gusanos serán tu cama debajo de ti, y las larvas tus cobertores. ¡Cómo has caído del cielo, oh lucero, hijo de la mañana! Has sido derribado al suelo, tú que debilitabas a las naciones. Tú has dicho en tu corazón: 'Subiré al cielo en lo alto; hasta las estrellas de Dios levantaré mi trono y me sentaré en el monte de la asamblea, en las regiones más distantes del norte. Subiré sobre las alturas de las nubes y seré semejante al Altísimo'. Pero has sido derribado al Seol, a lo más profundo de la fosa. (Isaías 14, 11-15 RVA-2015).

Hay algunas semejanzas entre la profecía de Ezequiel (Ezequiel 28) y la de Isaías. Primero, ambos mencionan las habilidades musicales de Satanás (Isaías 14:11; Ezequiel 28:13). En segundo lugar, los dos hablan de la caída de Satanás del cielo y su destrucción frente a todos los reyes y naciones (Isaías 14:12-15; Ezequiel 28:16). Así como Satanás tenía joyas que reflejaban en Ezequiel 28, en Isaías también vemos a Satanás representado como alguien que **refleja**, pero que no **produce** su propia luz.

En algunas traducciones, la palabra para expresar este reflejo es "Lucifer". Este, sin embargo, no es el nombre de Satanás, sino una explicación de "¡Oh, lucero, hijo de la mañana!" Para comprender mejor la connotación del nombre, es necesario investigar más a fondo qué es un lucero. El término "lucero" en realidad no se refiere a una estrella en este contexto, sino a un planeta que surge en el Este y es llamado Venus[viii]. Dicho planeta brilla como una estrella porque refleja la luz de una estrella. Los traductores de este pasaje al latín llamaron a este concepto Lucifer, alguien que refleja la luz o que es "portador de la luz".

Tanto Ezequiel como Isaías hablan sobre el orgullo que reside interiormente en Satanás. Isaías expone más sobre el orgullo que tenía Satanás. Usa cinco frases, cada una comenzando con "lo haré", que explican la postura orgullosa de Satanás y del hombre. Todos estos "haré" provienen del corazón y son un fermento para la rebelión.

La primera es: "Subiré al cielo en lo alto; hasta las estrellas de Dios ". En el capítulo anterior, ya expliqué la naturaleza poética de la Biblia hebrea. En este capítulo, también, las "estrellas" son indicativas de ángeles. Satanás está diciendo que se elevará más alto que todos los ángeles.

A continuación, dice: "levantaré mi trono". Quiere ser el rey. En esta expresión, Satanás está prácticamente diciendo que puede manejar las cosas mejor que Dios.

Después de esto, dice: "Me sentaré en el monte de la asamblea en las regiones más distantes del Norte". El monte de la asamblea es un lugar de honor en el cielo. Satanás está decretando que será honrado en la sala del trono de Dios.

Y así continúa diciendo: "Subiré sobre las alturas de las nubes". Al decir esto, está indicando que se elevará aún más, y todos lo verán a él y su gloria. Pasando por alto que ya estaba en la presencia de Dios, codicia lo que no es suyo, que es la gloria de Dios. Al cometer el pecado más grande y traicionero finalmente dice: "seré semejante al Altísimo""[ix] .

Sin humildad, nosotros también podemos caer en los "haré". (Para obtener más información sobre los "haré" de Satanás, lea: "Entrar de las tinieblas a su maravillosa luz, una guía de estudio para identificar y conquistar las fuentes de opresión" del Dr. Gary Luther Royer).

Claramente, Satanás no estaba satisfecho con ser como Dios lo había creado. Nosotros como creyentes, debemos reconocer que, sin piedad y contentamiento uno nunca se sentirá adecuado. De hecho, Pablo escribe a este respecto:

> "Sin embargo, grande ganancia es la piedad con contentamiento. Porque nada trajimos a este mundo, y es evidente que nada podremos sacar. Así que, teniendo el sustento y con qué cubrirnos estaremos contentos con esto". (1Timoteo 6:6-8 RVA-2015)

Satanás no estaba contento con ser el Querubín ungido, habitando nada menos que en la sala del trono de Dios. Codició lo que Dios tenía y buscó la gloria para sí mismo. Al final, será "... derribado al Seol, a lo más profundo de la fosa" (Isaías 14:15). Asegurémonos de no caer junto con él.

Creo que, en nuestra ignorancia, a veces hemos pasado por alto la capacidad del diablo para seguir fingiendo ser bueno. Es a causa de este descuido que el mundo entero ha sido engañado. Personalmente, escapar del tirano Muboto en la República Democrática del Congo me ha ayudado a darme cuenta de que el diablo actúa como una moneda de dos caras. Finge ser la cabeza en un lugar mientras actúa como la cola en otro. Domina ciertas áreas a plena vista mientras trabaja en otras a escondidas.

En el mundo oriental se presenta como un león rugiente usando el terror para atemorizar en todo momento. Influye a los tiranos con la esperanza de hacer que la gente se someta a su voluntad. Pero en Occidente, aparece como un ángel de luz que usa la tecnología de la comunicación como una herramienta para darle cumplimiento a su agenda secreta. En Occidente, sabe que, si nadie cree, es libre de engañar. Actuando como amigo, nos convence de que no es real y nos mantiene con una devoción mal enfocada.

Preguntas de discusión:

1.) **¿Por qué, el autor de este libro cree que el capítulo 14 de Isaías habla de Satanás?**
2.) **¿Cómo es que las profecías de Ezequiel 28 e Isaías 14 pueden ser comparadas?**
3.) **¿Cuáles fueron los "haré" de Satanás y el futuro Rey de Babilonia? ¿Cómo puede un creyente permanecer humilde y evitar caer en los "haré" de Satanás?**
4.) **¿Cuáles son las dos cualidades que Pablo afirma traerán grandes ganancias a los creyentes? ¿Con qué dice Pablo que los creyentes deberían estar contentos?**
5.) **¿Cuál es la diferencia entre cómo actúa Satanás en el mundo oriental y como actúa en el mundo occidental?**

Capítulo V: El león rugiente

Nací en la República Democrática del Congo en la época cuando se llamaba Zaire. Siendo todavía un niño, recuerdo haber visto una retransmisión especial en la televisión que se me quedó grabada en la memoria hasta el día de hoy. Cuando comenzó el programa vi la cabeza de un hombre bajando en una nube y escuché a la gente alabando su nombre. Fue casi como si hubiera estado en un servicio religioso y Dios mismo hubiera entrado en el edificio. Vi que, lo que parecían millones de personas, se reunían solo para verlo.

En la pantalla, vi su apellido, "SeseSeko" que significa: "vivir eternamente" o "yo soy eterno". Puedo recordar el miedo que sentí mientras lo miraba. Podía escuchar a los miembros mayores de mi familia contar historias de personas que cruzaron caminos con este hombre y nunca más las encontraron. No sabíamos qué era verdad y qué era falso de todo esto. Algunas historias decían que alimentaba leones con gente que le había desobedecido y otras hablaban de como enriquecía a gente más allá de sus sueños más alocados.

Este hombre era inmensamente rico, razón por la que algunos hacían hasta lo imposible por ganarse su favor. Sin embargo, no era conocido por compartir su riqueza con otros. Mientras se hacía más rico, millones de personas de mi pueblo estaban pasando hambre y morían. Por la gracia de

Dios, mi familia escapó de su régimen y vino a la tierra de los libres, los Estados Unidos de América.

Mudarse a los Estados Unidos fue una bendición para toda mi familia, y de veras que trato de agradecer diariamente la segunda oportunidad que Dios nos dio. Me he dado cuenta de que no todo el mundo escapa de la tiranía. Pienso en China, Corea del Norte, Irán y muchos otros lugares del mundo donde la gente verdaderamente está sufriendo. Si una persona en alguno de estos países se atreve a hablar, son arrojados a campos de concentración, y los cristianos a menudo son encarcelados y decapitados. Incluso estando solo de visita en estas naciones se puede percibir, si somos espiritualmente sensibles, el terror en el que viven.

De hecho, en el oriente, el diablo se presenta como un león rugiente que busca a quien devorar. Pedro escribe sobre esto cuando dice:

> *"Practiquen el dominio propio y manténganse alerta. Su enemigo el diablo ronda como león rugiente, buscando a quién devorar, resístanlo, manteniéndose firmes en la fe, sabiendo que sus hermanos en todo el mundo están soportando la misma clase de sufrimientos. Y, después de que ustedes hayan sufrido un poco de tiempo, Dios mismo, el Dios de toda gracia que los llamó a su gloria eterna en Cristo, los restaurará y los hará fuertes, firmes y estables. A él sea el poder por los siglos de los siglos. Amén" (1 Pedro 5:8-10).*

En la época en que Pedro escribió esta carta a las iglesias en Asia Menor, el emperador de Roma era Nerón. Nerón nació en el año 37 DC y literalmente asesinó a todos los que se le interpusieron en el camino de su coronación como César, incluida su propia madre. Encarcelaba cristianos y los echaba al coliseo con fieras salvajes sueltas para que se los comieran. Una vez ató cristianos en árboles alrededor de su palacio y prendió fuego a los árboles solo para verlos arder[x]. Fue bajo su gobierno tiránico que Pedro escribió estas palabras a la Iglesia: "Practiquen el dominio propio y manténganse alerta. Su enemigo el diablo ronda como león rugiente, buscando a quién devorar" (1 Pedro 5:8).

Los leones no rugen simplemente para asustar a sus presas como popularmente se cree. Por el contrario, un león rara vez ruge cuando está cazando. Es cuando está en conflicto con otro depredador, cuando el león rugirá para intimidar a dicho depredador.[xi]

Esto no es diferente de lo que Satanás hace. Sabe que la intimidación es la clave del éxito para él. Así que espera infundirte miedo para poder devorarte. Así que, ¡deja de presentarte como una presa y comienza a darte cuenta de que eres un cazador!

Me acuerdo de mi primera cacería con mi suegro. Estábamos en las montañas y le disparó a un alce desde unos quinientos metros de distancia. Yo estaba seguro de que el animal estaba muerto, pero mi suegro me dijo que todavía estaba vivo, escondido entre los matorrales.

Cuando nos acercamos al lugar donde disparó al alce, éste, saltó de entre los arbustos y yo me quedé allí paralizado del susto. Pero mi suegro, estaba concentrado en la caza, y allí mismo cazó al alce. Para mí, este es un ejemplo de la vida real de que como creyentes debemos estar centrados en la misión y listos para la batalla.

Pedro dice que primero practiquemos el dominio propio, es decir, estar en nuestro sano juicio. Como ya escribía al principio del libro, el diablo quiere que seamos irracionales. Quiere que pensemos que él es más grande de lo que realmente es. Pero debemos mantenernos sobrios. Romanos 12 dice:

> *"No se amolden al mundo actual, sino sean transformados mediante la renovación de su mente. Así podrán comprobar cuál es la voluntad de Dios, buena, agradable y perfecta" (Romanos 12:2)*

Como se indica en este pasaje, para practicar el dominio propio lo que debemos hacer primero es rechazar la voluntad de este mundo. ¿Cuál es la voluntad de este mundo? Todo tipo de egoísmo está directamente relacionado con la voluntad de este mundo. Rechazando las ambiciones egoístas de este mundo como el sexo fuera del matrimonio, la popularidad, el amor al dinero, la venganza, la sensualidad, la codicia y cosas parecidas. La Palabra de Dios es la mejor herramienta para una renovación de la mente y meditar en la Palabra de Dios nos conduce a una vida transformada.

Lo siguiente que Pedro dice a la Iglesia es que esté alerta y vigilante. Creo que la respuesta de cómo estar alerta, Pedro la da en 2 Pedro 1 cuando se refiere a las ocho virtudes que todo creyente debe poner en práctica. Las características que Pedro aborda son: la fe complementada con la virtud (o la bondad); entendimiento (no confundirlo con inteligencia es más bien obediencia); dominio propio (cediéndole el control al Espíritu Santo); constancia (ver el tiempo a través de los ojos de Dios); piedad (estar consciente de Dios en cada aspecto de la vida); bondad (tener una actitud piadosa); y amor incondicional, que solo se obtiene al conocerlo. Pedro continúa diciendo: "Por lo tanto, hermanos, esfuércense más todavía por asegurarse del llamado de Dios, que fue quien los eligió. Si hacen estas cosas, no caerán jamás (2 Pedro 1:10).

Además, la Biblia no afirma nunca que el diablo *es* un león rugiente; más bien dice que *es como (se parece a)* un león rugiente. Es decir, una vez que sepamos quienes somos en Cristo, podremos resistirle. Esto es exactamente lo que Pedro anima a los creyentes a hacer: "Resístanle, firmes en su fe" (1 Pedro 5:9). No en la fe de Pedro o en la fe de Pablo o en la fe de los Apóstoles; no en la fe de tu madre o en la fe de tu padre o en la fe del pastor, ¡sino en tu propia fe!

Es igualmente importante caer en la cuenta de que resistir al diablo no siempre significa liberarse del sufrimiento. Pedro lo expresa de esta manera: "... "Resístanlo, manteniéndose firmes en la fe, sabiendo que sus hermanos en todo el mundo están soportando la misma clase de sufrimientos" (1 Pedro 5:9). Al decir esto, Pedro está amonestando al creyente, diciéndole que no está solo, que siga adelante, que a pesar de todo este sufrimiento no durará para siempre y que Dios mismo al final, "... los restaurará y los hará fuertes, firmes y estables" (1 Pedro 5:10). La restauración es una promesa eterna. Incluso si morimos en esta vida, seremos restaurados porque el Cielo es nuestro verdadero destino.

El sufrimiento del que Pedro está hablando es algo con lo que muchos en el mundo oriental pueden identificarse. Pero en occidente, ser decapitado por causa de la fe sigue siendo un concepto extraño. El diablo sabe que asustar a la gente en los Estados Unidos con frecuencia las hace que corran a la iglesia. Debido a esto, cambia su estrategia en el Oeste, y en lugar de presentarse como un león rugiente, viene como un ángel de luz.

Preguntas de discusión:

1.) ¿Cómo se presenta el diablo en el mundo oriental?
2.) Según el autor, ¿cuáles son las similitudes entre el diablo y el león rugiente?
3.) ¿Cuáles son los esquemas de este mundo y cómo le haces para superarlos?
4.) ¿Cuáles son las ocho virtudes que Pedro menciona?
5.) ¿Con la fe de quién se supone que debes resistir al diablo? ¿Qué hará Dios después de que hayas sufrido un periodo corto de tiempo?

Capítulo VI: El ángel de luz

Fue en los Estados Unidos donde conocí al primer ateo de mi vida. Era el primo de Julián, mi hermano hispano. Descubrió que yo creía en Dios y procedió a explicarme cómo él no creía que Dios existiera. La parte más espantosa de nuestra conversación, para mí, fue cuando dijo que todos venimos de los monos. De inmediato, sin perder la calma, lo miré y le dije: "Sabes que los monos se comen su propio excremento, ¿verdad? ¡Y que tienen, más o menos, la inteligencia de un niño de 2 años! Si quieres que te asocien con cosas que se comen su propio excremento, adelante; pero yo fui creado a la imagen de Dios". Todos mis amigos empezaron a reírse y él se quedó mirándome incómodo por un momento, antes de reanudar nuestra discusión.

Aparte de lo divertido que pueda haber sido este encuentro, vemos aquí que el proceso de pensamiento de este joven refleja el proceso de pensamiento predominante en Occidente. Cuando hablo de occidente, me refiero a naciones que comparten los ideales de libertad de expresión y religión, y elevan la forma de gobierno democrático sobre la dictadura tiránica. Dentro de esta definición, se puede incluir a Europa como un lugar que tiene ideologías occidentales.

Europa es un lugar donde solía prosperar el cristianismo. Ahora las iglesias que acogían a miles de creyentes se han convertido en clubes o museos. ¿Qué sucedió? ¿Cómo pasó Europa de un lugar que enviaba cristianos misioneros a otras naciones a ser un lugar donde la moral cristiana está mal vista?

Para responder a esta pregunta, tenemos que entender la astucia de Satanás. Satanás sabe que la mejor manera de romper el sistema de creencias de los creyentes es hacer que lo malo parezca bueno y lo bueno parezca malo. Y esto lo logra haciéndose pasar por un ángel de luz.

En 2 Corintios 11, Pablo advierte a la iglesia de Corinto acerca de los falsos apóstoles diciendo:

> *"Tales individuos son falsos apóstoles, obreros estafadores, que se disfrazan de apóstoles de Cristo. Y no es de extrañar, ya que Satanás mismo se disfraza de ángel de luz. Por eso no es de sorprenderse que sus servidores se disfracen de servidores de la justicia. Su fin corresponderá con lo que merecen sus acciones" (2 Corintios 11:13-15).*

¿Captaron eso? ¡Satanás se disfraza de ángel de luz! Se convierte en tu amigo y te persuade a odiar todas las cosas que Dios ama. Si prestan atención a las tendencias en el Oeste, bien podrían ver el lucero de la mañana en acción.

Ejemplos evidentes de esto son cosas como los "géneros binarios" o bisexualidad que, aunque no está probado científicamente, de repente todos nos vemos obligados a revisar nuestro uso de los pronombres personales. En lugar de "él" o "ella", se ha convertido en "ellos", o lo que la sociedad considere apropiado. Aunque este no es un movimiento nuevo, Satanás nos ha estado introduciendo lenta e “inocentemente” a ello durante años. Ha usado cosas como películas, programas de televisión y música para ir dando cumplimiento a su agenda.

Sabía que muchos no tendrían ningún problema con que las chicas hicieran el amor entre ellas, así que empezó por ahí primero. Cuanto más espacio le dábamos a estas cosas, más sensuales se volvían hasta que un día alzamos la vista y el matrimonio homosexual se legalizó. Quienquiera que no esté de acuerdo es inmediatamente demonizado. Los niños, cuyos cerebros aún se están desarrollando, pueden elegir el género que quieren ser. Lo que en otro tiempo se habría considerado como abuso infantil ahora es permitido.

Otro ejemplo de la influencia angelical de Satanás tiene que ver con la justicia social. Muchas personas en el mundo están viviendo o han vivido injusticias. Miqueas, cuando escribe sobre la injusticia, dice: “¡Ya se te ha declarado lo que es bueno! Ya se te ha dicho lo que de ti espera el SEÑOR: Practicar la justicia, amar la misericordia, y humillarte ante tu Dios.” (Miqueas 6:8). En verdad, Dios quiere que practiquemos la justicia en el mundo. Sin embargo, hay una diferencia entre cómo el mundo hace justicia y cómo Dios ejecuta la justicia. El punto de separación de la forma en que el mundo practica justicia y cómo Dios hace justicia puede ser representado con la diferencia que hay entre **justicia** y **venganza.**

Estos dos términos se pueden dividir en dos palabras que apuntan a una definición: *justicia* y *retribución*. La justicia busca equidad, mientras que la venganza busca retribución. Aquí es donde radica el problema de fondo de la "justicia" en el mundo, que, al no estar centrado en el Evangelio, simplemente no se identifica con la justicia.

El diablo, como buen oportunista, busca sacar provecho del interés mundial por la justicia social. Lo hace de incógnito, secretamente propagando la venganza y haciendo que sea considerada como justicia. Pero como creyentes, debemos ser capaces de notar la diferencia. Pablo, cuando escribe sobre la venganza, dice: "No tomen venganza, hermanos míos, sino dejen el castigo en las manos de Dios, porque está escrito: «Mía es la venganza; yo pagaré», dice el Señor" (Romanos 12:19).

¿Quién, en los años 70, me habría creído si les hubiera dicho que algún día el lugar más peligroso para un niño sería el vientre de su madre? Actualmente el aborto no solo es legal, sino que muchos realmente creen que es beneficioso y, sin embargo, al mismo tiempo, culpamos a Dios porque los tratamientos, para algunas enfermedades, aún no han sido descubiertos. Quizá Dios ya había enviado la cura a través de una persona que la descubriría, pero nosotros la hemos asesinado siendo todavía un bebé.

La Biblia dice,

> *"Los hijos son una herencia del SEÑOR, los frutos del vientre son una recompensa. Como flechas en las manos del guerrero son los hijos de la juventud. Dichosos los que llenan su aljaba con esta*

clase de flechas. No serán avergonzados por sus enemigos cuando litiguen con ellos en los tribunales. (Salmo 127:3-5).

Presten atención a las imágenes poéticas con las que David escribe este Salmo usando los términos flechas y armas para designar a los niños. ¿Armas contra qué? ¡contra el enemigo! Hay que tomar en cuenta que cada libertador primero tiene que ser bebé antes de liberar a otras personas. Dios envía segadores para cosechar el campo mientras nosotros oramos (Mateo 9:35-38). Estos recolectores alguna vez también fueron bebés a los que se les permitió crecer en todo su potencial.

La Biblia también afirma,

"Tú creaste mis entrañas; me formaste en el vientre de mi madre. ¡Te alabo porque soy una creación admirable! ¡Tus obras son maravillosas, y esto lo sé muy bien! Mis huesos no te fueron desconocidos cuando en lo más recóndito era yo formado, cuando en lo más profundo de la tierra era yo entretejido. Tus ojos vieron mi cuerpo en gestación: todo estaba ya escrito en tu libro; todos mis días se estaban diseñando, aunque no existía uno solo de ellos" (Salmo 139:13-16).

Definitivamente no puede ser más claro que lo que escribió David en el Salmo 139. David habla de cómo todos nuestros días ya han sido escritos. En otras palabras, Dios ya tiene establecido nuestro propósito. Algunos llegarán a ser médicos, otros, atletas, madres, padres, autores, actores, presidentes, reyes, reinas y ¡mucho más! Entonces cuando matamos a un bebé, también matamos nuestra defensa contra cualquier tormenta que se nos presente en el futuro.

Aunque lo que estoy diciendo tiene fundamento bíblico, muchos cristianos de hoy en día no están de acuerdo con lo que acabo de decir, especialmente en occidente porque satanás ha normalizado el asesinato de inocentes. Nada más piensen un poco en lo que acabo de decir. Si, normalizó el asesinato de bebés, pero no se contentó con eso solamente.

Ahora se legalizan sustancias que antes eran ilegales. Se las conoce como drogas recreativas. Anteriormente, hablábamos sobre tener una mente sobria, pero ¿cómo se puede tener una mente sobria con drogas? ¿Cuánto más fácil no va a ser para Satanás aprovecharse si nuestra mente no está sana? Por eso emborracharse es pecado. Entiendo el argumento de las drogas medicinales, pero aquí me refiero a la normalización de las drogas recreativas.

Podría escribir un libro entero sobre todas las cosas, la lista es larga, que Satanás ha introducido "angelicalmente" en nuestra sociedad. Pero ¿cómo asegurarse de no ser engañados por este ser angelical? Creo que la respuesta la encontraremos en Gálatas 1 donde Pablo habla de cuál es el verdadero Evangelio.

Al tratar con los judaizantes (judíos que creían que la Ley debía tener prioridad sobre el Evangelio), Pablo escribe:

"Me asombra que tan pronto estén dejando ustedes a quien los llamó por la gracia de Cristo, para pasarse a otro evangelio. No es

que haya otro evangelio, sino que ciertos individuos están sembrando confusión entre ustedes y quieren tergiversar el evangelio de Cristo. Pero, aun si alguno de nosotros o un ángel del cielo les predicara un evangelio distinto del que les hemos predicado, ¡que caiga bajo maldición! Como ya lo hemos dicho, ahora lo repito: si alguien les anda predicando un evangelio distinto del que recibieron, ¡que caiga bajo maldición! ¿Qué busco con esto: ganarme la aprobación humana o la de Dios? ¿Piensan que procuro agradar a los demás? Si yo buscara agradar a otros, no sería siervo de Cristo" (Gálatas 1:6-10).

Pablo no reprende suavemente a la iglesia, sino que la corrige con vehemencia. Incluso dice: "Pero, aun si alguno de nosotros o un ángel del cielo les predicara un evangelio distinto del que les hemos predicado, ¡que caiga bajo maldición". Entonces, la mejor manera de mantenerse en el camino correcto es conservarse fiel al Evangelio. ¿Qué es el Evangelio?

El Evangelio es la encarnación de Jesucristo. ¡Su muerte y resurrección! Las palabras que dejó a través de sus discípulos para que las obedezcamos en nuestros corazones. No se trata de complacer a la gente o seguir a la multitud. Hay que reconocer que, al final, el estar enamorado de Jesús no es una cosa muy popular; muchos seguirán a la multitud, y la multitud extraviará a muchos.

Por eso, Pablo escribe: "¿Qué busco con esto: ganarme la aprobación humana o la de Dios? ¿Piensan que procuro agradar a los demás? Si yo buscara agradar a otros, no sería siervo de Cristo (Gálatas 1:10). Pablo sabía que buscar ser aprobado por el hombre es contrario al Evangelio. Satanás también sabe que si puede hacer que tengas miedo de lo que los demás piensan de ti o creer lo que dicen de ti, en lugar de creer en la Palabra de Dios, ha logrado manipular tu propósito. Por lo tanto, es importante ser consciente de su carácter acusatorio.

Preguntas de discusión:

1.) **Según el autor ¿Cómo hace Satanás que lo bueno parezca malo y lo malo parezca bueno?**

2.) **De acuerdo con el autor, ¿cuáles son algunas de las tendencias en Occidente que Satanás ha infiltrado "angelicalmente" en la sociedad?**

3.) **¿Cuál es la diferencia entre justicia y venganza?**

4.) **Según el Salmo 127, ¿qué símbolo usa David para expresar el valor de los niños? Según el Salmo 139, ¿cuándo se forma y establece el propósito y la vida de un niño?**

5.) **¿Cómo puede un creyente reconocer y evitar las artimañas y engaños de las tácticas del diablo disfrazado de "ángel de luz"?**

Capítulo VII: El diablo

Antes, me quedaba perplejo pensando acerca de cómo Satanás logró que un tercio de los ángeles se rebelaran contra Dios. En el libro del Apocalipsis Juan escribe sobre esto y afirma que: "Con la cola arrastró la tercera parte de las estrellas del cielo y las arrojó sobre la tierra..." (Apocalipsis 12:4). *¡Un tercio!* ¡Imagínense lo que eso es! La Biblia afirma que hay innumerables ángeles, y Satanás hizo que la tercera parte de ellos se volvieran contra Dios (Hebreos12:22). Mi perplejidad sobre este acontecimiento tiene su raíz en el hecho de que estos ángeles, que estaban en la mismísima presencia de Dios y experimentaron la bondad de Dios, aun así, decidieron alejarse de Él.

Como consecuencia de esto creo que es mandatorio que todos los creyentes verdaderamente disciernan, qué fue lo que hizo Satanás para que todos estos ángeles le juraran lealtad. Especialmente porque según la Biblia, el próximo evento catastrófico es la gran apostasía. Al hablar con sus discípulos, Jesús dijo esto acerca de lo que sucederá en los últimos días: "En aquel tiempo muchos se apartarán de la fe; unos a otros se traicionarán y se odiarán; y surgirá un gran número de falsos profetas que engañarán a muchos" (Mateo 24:10-11).

Después de investigar cuidadosamente lo que pudo haber causado que los ángeles siguieran a Satanás y posiblemente causar que muchos caigan en el futuro, descubrí que está en su nombre: Satanás significa "enemigo", pero diablo, en griego[xii], significa "criticón, calumniador, falso acusador". Ya sea causando miedo o fingiendo ser un amigo cercano, el enemigo de nuestra alma no puede lograr todo el terror o la maldad sin su poder de criticar. Es, por tanto, su carácter acusatorio el más hostil de todos sus atributos. Hace sus acusaciones de tres maneras: primero a Dios, segundo a través de los demás, por último, haciendo que te condenes a ti mismo.

Satanás nos acusa falsamente ante Dios día y noche (Apocalipsis 12:10). Pero si eres salvo, debes vivir libre de sus acusaciones porque Jesús es nuestro intercesor. Como está escrito en 1 Juan:

> *"Mis queridos hijos, les escribo estas cosas para que no pequen. Pero, si alguno peca, tenemos ante el Padre a un intercesor, a Jesucristo, el Justo. Él es el sacrificio por el perdón de nuestros pecados, y no solo por los nuestros, sino por los de todo el mundo. (1 Juan 2:1-2).*

Los versículos anteriores, antes de llegar al capítulo 2, explican cómo debemos reconocer nuestras faltas y confesárselas a Jesús para que Él nos limpie de toda maldad (1 Juan 1:8-10). Juan comienza este capítulo, de manera muy apropiada, diciendo: "Mis queridos hijos, les escribo estas cosas para que no pequen". Sabe bien que en la sangre de Jesús tenemos la remisión completa de nuestros pecados. De acuerdo con este versículo, ¡es posible a través de Cristo no caminar más como esclavos de nuestra naturaleza pecaminosa! Sin embargo, si pecamos, es Jesús quien encubre nuestro pecado. Él es: "… el sacrificio por el perdón de nuestros pecados, y no solo por los nuestros, sino por los de todo el mundo" (1 Juan 2:2). Por medio de su sacrificio, Juan afirma, que Jesús aplacó la ira de Dios en nuestro favor. No sólo en nuestro favor sino también del mundo entero, eso es si la gente ve la necesidad que tienen de Cristo.

Otra vía que a Satanás le gusta usar cuando está criticando a la gente son otras personas. Tengo memorias de cuando vivía en un pueblo pequeñito de Montana. Mientras estaba allí, noté que el problema número uno eran las habladurías. Casi nunca había un momento en que alguien no hablara de otra persona de manera negativa. En el mundo, es de esperar, porque es el mundo, pero los chismes en este pueblo incluso se habían infiltrado en la iglesia.

Después de varios años de vivir en ese pueblo, se me hizo fácil unirme a las conversaciones. Aun sin darme cuenta, lo que en realidad estaba haciendo era participar en los chismes. Un día, mientras hablaba con alguien, mi esposa me escuchó y me dijo: "Sabes, creo que no deberías seguir criticando a la gente". Me encantaría decir que respondí amablemente, pero estaría mintiendo. Cuando finalmente mi temperamento se calmó fui capaz de sentir la persuasión del Espíritu Santo. Me acerqué a mi esposa, me disculpé y le pedí que me enseñara a ser discreto como ella. Entonces ella me envió un sermón sobre chismes que literalmente me dejó la lengua aterrada.

El sermón trataba sobre el capítulo 3 de Santiago y por qué necesitamos refrenar nuestras lenguas. Todavía recuerdo haber releído este pasaje que ya había leído varias veces en mi vida y me quedé impresionado de lo que finalmente estaba percibiendo. Parece que, aunque ya lo había leído en el pasado, era solo conocimiento mental para mí, y ahora la palabra finalmente estaba penetrando en mi corazón. Reconocí mi pecado y me arrepentí.

Por favor tómense el tiempo para leer esto y pídanle al Espíritu Santo que les refrene la lengua.

"Todos fallamos mucho. Si alguien nunca falla en lo que dice, es una persona perfecta, capaz también de controlar todo su cuerpo. Cuando ponemos freno en la boca de los caballos para que nos obedezcan, podemos controlar todo el animal. Fíjense también en los barcos. A pesar de ser tan grandes y de ser impulsados por fuertes vientos, se gobiernan por un pequeño timón a voluntad del piloto. Así también la lengua es un miembro muy pequeño del cuerpo, pero hace alarde de grandes hazañas. ¡Imagínense qué gran bosque se incendia con tan pequeña chispa! También la lengua es un fuego, un mundo de maldad. Siendo uno de nuestros órganos, contamina todo el cuerpo y, encendida por el infierno, prende a su vez fuego a todo el curso de la vida. El ser humano sabe domar y, en efecto, ha domado toda clase de fieras, de aves, de reptiles y de bestias marinas; pero nadie puede domar la lengua. Es un mal irrefrenable, lleno de veneno mortal. Con la lengua bendecimos a nuestro Señor y Padre, y con ella maldecimos a las

personas, creadas a imagen de Dios. De una misma boca salen bendición y maldición. Hermanos míos, esto no debe ser así. ¿Puede acaso brotar de una misma fuente agua dulce y agua salada? Hermanos míos, ¿acaso puede dar aceitunas una higuera o higos una vid? Pues tampoco una fuente de agua salada puede dar agua dulce" (Santiago 3:2-12).

Hay varias cosas que Santiago aborda en este pasaje que son conmovedoras para todo creyente. Si usamos nuestra lengua para hablar mal de los demás, estamos empezando a actuar diabólicamente. Alimentamos el fuego del odio, la ira y la ofensa. Proverbios dice que: "sin leña se apaga el fuego; sin chismes se acaba el pleito" (Proverbios 26:20 NVI). No debemos permitir que Satanás use nuestra lengua como arma contra otros y alimente su injusta agenda.

La última forma en que Satanás calumnia es infiltrándose en nuestras mentes. Usará las palabras malvadas que la gente ha dicho sobre nosotros, lo que hemos dicho sobre nosotros mismos, o sus demonios para acusarnos falsamente. Pondrá pensamientos en nuestra mente como: "soy un fracaso", con la esperanza de que le creamos. Haciendo esto, espera que nunca alcancemos nuestros propósitos.

Pero ¡tenemos esperanza! La Biblia nos dice: "En esto sabremos que somos de la verdad, y nos sentiremos seguros delante de él: que, aunque nuestro corazón nos condene, Dios es más grande que nuestro corazón y lo sabe todo." (1 Juan 3:19-20). La esperanza está en saber que, bueno o malo, nuestro corazón será bendecido por Dios con justicia. Dios, en justicia, sabe si somos demasiado duros con nosotros mismos o si somos demasiado indulgentes.

Entonces, no tenemos que acoger la maldad que otras personas, nosotros mismos o fuerzas satánicas nos digan porque Dios es nuestro juez. Esto de ninguna manera nos excusa de ser reprendidos, sencillamente nos asegura que Dios tiene la última palabra, por lo que no debemos preocuparnos por lo que los demás piensen de nosotros: "Por lo tanto, ya no hay ninguna condenación para los que están unidos a Cristo Jesús" (Romanos 8:1).

Cuando conocemos la naturaleza acusatoria del adversario, podemos caminar como vencedores y ayudar a otros a caminar victoriosos también. Porque nada le gusta más al enemigo que separarnos del rebaño por medio de sus mentiras disfrazadas de verdades. Si logramos mantener las críticas y las falsas acusaciones fuera de la iglesia, prevaleceremos a través de la unidad. ¡Porque la fuerza más grande en la tierra, aparte del Espíritu Santo, es una iglesia unida!

Preguntas de discusión:

1.) ¿Qué porcentaje de ángeles se llevó Satanás consigo en su rebelión?

2.) ¿Qué dejó perplejo al autor acerca de los ángeles que siguieron a Satanás?

3.) ¿Qué significa el nombre: diablo? ¿Alguna vez has actuado diabólicamente?

4.) "Sin leña se apaga el fuego; sin chismes se acaba el pleito" (Proverbios 26:20). Según este versículo ¿Cómo puede una persona vencer la calumnia y el chisme?

5.) ¿Por qué el autor cree que 1 Juan 3:19-20 es un versículo esperanzador? ¿Cómo se relaciona esto con nuestras vidas?

Capitulo VIII: La retorcida verdad sobre la unidad

Pienso que una de las cosas que el enemigo aprendió del cielo y que sabe usar mejor que nosotros es el concepto de **unidad**.

Una de las revelaciones más significativas que recibí acerca de la unidad me fue mostrada mientras leía acerca de un espíritu demoníaco en la Biblia. Estaba leyendo Mateo 12 y preparándome para un sermón que iba a predicar. En este pasaje, Jesús comienza a describir lo que sucede cuando un demonio deja a un individuo. Jesús dice,

» *Cuando un espíritu maligno sale de una persona, va por lugares áridos, buscando descanso sin encontrarlo. Entonces dice: "Volveré a la casa de donde salí". Cuando llega, la encuentra desocupada, barrida y arreglada. Luego va y trae a otros siete espíritus más malvados que él, y entran a vivir allí. Así que el estado postrero de aquella persona resulta peor que el primero. Así le pasará también a esta generación malvada» (Mateo 12:43-45).*

Esta profecía tiene dos significados: el primero, le está hablando al pueblo de Israel como un todo, y segundo, le está hablando a la gente individualmente.

Veamos, primero, cómo esto se aplica al pueblo de Israel. La casa representa simbólicamente al pueblo de Israel. Jesús es el que limpia la casa, aunque la gente no creía en él. Entonces la casa, aunque fue limpiada quedó vacía. Como está vacía, el enemigo al darse cuenta de que no hay otro lugar a donde ir, regresa a la casa e invita a otras fuerzas demoníacas y crea un control más fuerte que el que tenía antes. Esto es exactamente lo que pasó con Israel. No acogieron a Jesús y participaron en su crucifixión. Cuando Cristo se fue, la nación se volvió aún más legalista y religiosa de lo que era antes de la venida de Jesús.

Segundo, individualmente, nuestros cuerpos representan una casa o un templo (1 Corintios 3:16). Cuando Jesús viene y nos sana, debemos permitirle que tome el control de nuestras vidas. Él no debe ser simplemente nuestro Salvador sino también nuestro Señor porque si no le entregamos nuestra vida a Jesús, el enemigo regresará y se asegurará de que nuestra vida esté más aprisionada que nunca. En otras palabras, si ustedes han sido adictos a algo, cualquier cosa, y Dios los sanó, pero no estuvieron dispuestos a darle el control total de su vida, entonces existe una gran posibilidad de que esa adicción retorne a ustedes y más fuerte que nunca.

Percibir todo esto mientras leía la Palabra me dio mucho ánimo al tiempo que me preparaba para predicar. Pero el Espíritu Santo quería enseñarme algo que estaba en el texto y que a simple vista no supe ver. Sentí que debía volver a leer el texto, y al hacerlo, destacó la parte sobre el espíritu demoníaco.

El demonio dijo:

> *"Volveré a la casa de donde salí". Cuando llega, la encuentra desocupada, barrida y arreglada. Luego va y trae a otros siete espíritus más malvados que él, y entran a vivir allí. Así que el estado postrero de aquella persona resulta peor que el primero. . ." (Mateo 12:44-45).*

Inmediatamente, después de leer este pasaje por segunda vez, el Espíritu Santo me habló y me cuestionó: "¿Cómo es que estos demonios están mostrando más humildad que mi cuerpo, la iglesia?". Confuso, no supe que responder.

Mis ojos espirituales se abrieron aún más al texto, y comencé a ver la gran determinación del demonio para cumplir su objetivo de destrucción, tal que este espíritu queda satisfecho y no le importa ser él mismo quien conquiste al individuo con tal de que la persona sea conquistada. El texto incluso dice que tiene otros siete demonios aún más malvados que él. En cambio, ¿cuántos pastores irían a otra iglesia y pedirían ayuda para conquistar una ciudad para Jesús? ¿Cómo es que los demonios están más unidos contra nosotros en el odio, que nosotros contra ellos en el amor? E aquí la retorcida verdad sobre la unidad: ya sea para bien o para el mal, ¡la unidad consigue mucho más!

Observemos la historia de la torre de Babel. ¿Qué dice el texto acerca de su unidad?

"En ese entonces se hablaba un solo idioma en toda la tierra. Al emigrar al oriente, la gente encontró una llanura en la región de Sinar, y allí se asentaron. Un día se dijeron unos a otros: «Vamos a hacer ladrillos, y a cocerlos al fuego». Fue así como usaron ladrillos en vez de piedras, y asfalto en vez de mezcla. Luego dijeron: «Construyamos una ciudad con una torre que llegue hasta el cielo. De ese modo nos haremos famosos y evitaremos ser dispersados por toda la tierra». Pero el SEÑOR bajó para observar la ciudad y la torre que los hombres estaban construyendo, y se dijo: «Todos forman un solo pueblo y hablan un solo idioma; esto es solo el comienzo de sus obras, y todo lo que se propongan lo podrán lograr" (Génesis 11:1-6).

Moisés indica que este pueblo era uno en todos los sentidos. Estaban tan unidos que Dios bajó para ver lo que estaban haciendo. Lo que Dios dice cuando ve su unidad es: "Todos forman un solo pueblo y hablan un solo idioma; esto es solo el comienzo de sus obras, y todo lo que se propongan lo podrán lograr" (Génesis 11:5-6). Aunque se estaban levantando en contra de él, aun así, Dios señala el poder de su unidad. Como resultado, dice Dios: ¡nada les será imposible!

¡La unidad logra lo imposible! Su único problema era que eran malvados, y la Biblia dice: "Lo que el malvado teme, eso le ocurre; lo que el justo desea, eso recibe." (Proverbios 10:24). Lo que más temían era la dispersión, y eso fue exactamente lo que les sucedió. Dios los dispersó y creó diferentes culturas cuando cambió sus idiomas. Si hubieran podido continuar juntos, habrían construido aquella torre. Podemos aprender mucho de la unión que tenían.

Pero ¿Nos damos cuenta de que la unidad es el deseo de Dios? ¡Está presente en su mismo nombre! Elohim es plural y su singular es Eloah. A lo largo de la Biblia, se hace referencia a Dios como "אלהים (Elohim)". Incluso en la primera línea de la Biblia, el nombre de Dios es plural (Elohim). Esto es fascinante porque Dios es uno, pero su nombre es plural. El "ים ēm" al final de la palabra hace que la palabra sea masculina plural. Para mí, no hay un ejemplo más evidente de la Trinidad en la Biblia que este. ¡Él es Elohim!

Cuando creó al hombre, dijo:

> *"Hagamos al ser humano a nuestra imagen y semejanza. Que tenga dominio sobre los peces del mar, y sobre las aves del cielo; sobre los animales domésticos, sobre los animales salvajes, y sobre todos los reptiles que se arrastran por el suelo" (Génesis 1:26).*

Dense cuenta cómo Dios no revela este íntimo detalle, de que Él es un Dios Trino, hasta que creó al hombre. Antes de este versículo, la creación del mundo es sencillamente anunciada como creada por Dios. Cuando se trata de crear al hombre, Dios dice: "Hagamos al ser humano a ***nuestra*** imagen y semejanza" (con énfasis en "nuestra").

Fuimos creados por un Dios que siempre ha estado unido: Padre, Hijo y Espíritu Santo. Es propio de nosotros reflejar su naturaleza. ¡Debemos estar tan unidos como si fuéramos uno! Hay innumerables versículos que enfatizan la importancia de la unidad. Dios no solo busca a un individuo porque es único, Él busca a un individuo para que pueda llevar a toda una nación hacia Él. ¡Dios ve a la humanidad como un todo!

¿Alguna vez se han sentido frustrados porque sus oraciones no han sido respondidas? ¿Cuánto tiempo han estado esperando? ¿Un mes? ¿Diez años? ¿70 años? ¿Qué tal que si tuvieras que esperar 2.000 años? Jesús hizo una oración por nuestra unidad hace dos mil años, y aun está esperando que le respondamos. Juan 17:20-23 dice:

> *"No ruego solo por estos. Ruego también por los que han de creer en mí por el mensaje de ellos, para que todos sean uno. Padre, así como tú estás en mí y yo en ti, permite que ellos también estén en nosotros, para que el mundo crea que tú me has enviado. Yo les he dado la gloria que me diste, para que sean uno, así como nosotros somos uno: yo en ellos y tú en mí. Permite que alcancen la perfección en la unidad, y así el mundo reconozca que tú me enviaste y que los has amado a ellos tal como me has amado a mí"*.
>
> El mundo sabrá que somos de Dios cuando nos vea caminando unidos.

Por último, en Génesis capítulo 11, leemos cómo Dios dispersó al pueblo a causa de sus malas intenciones. Confundió su idioma para que ya no pudieran unirse maliciosamente. Alrededor de tres mil años después, la gente se reunió de nuevo. La Biblia dice,

"Cuando llegó el día de Pentecostés, estaban todos juntos en el mismo lugar. De repente, vino del cielo un ruido como el de una violenta ráfaga de viento y llenó toda la casa donde estaban reunidos. Se les aparecieron entonces unas lenguas como de fuego que se repartieron y se posaron sobre cada uno de ellos. Todos fueron llenos del Espíritu Santo y comenzaron a hablar en diferentes lenguas, según el Espíritu les concedía expresarse. Estaban de visita en Jerusalén judíos piadosos, procedentes de todas las naciones de la tierra. Al oír aquel bullicio, se agolparon y quedaron todos pasmados porque cada uno los escuchaba hablar en su propio idioma. Desconcertados y maravillados, decían: «¿No son galileos todos estos que están hablando? ¿Cómo es que cada uno de nosotros los oye hablar en su lengua materna? Partos, medos y elamitas; habitantes de Mesopotamia, de Judea y de Capadocia, del Ponto y de Asia, de Frigia y de Panfilia, de Egipto y de las regiones de Libia cercanas a Cirene; visitantes llegados de Roma; judíos y prosélitos; cretenses y árabes: ¡todos por igual los oímos proclamar en nuestra propia lengua las maravillas de Dios!» Desconcertados y perplejos, se preguntaban: «¿Qué quiere decir esto?" (Hechos 2:1-12).

La primera vez que Dios les dio diferentes idiomas, estaban confundidos y dispersos. La segunda vez estaban juntos y unidos. ¡Llegará el día en que Dios derramará Su Espíritu nuevamente, y experimentaremos un mover de Dios como nunca la habíamos vivido antes!

Preguntas de discusión:

1.) **Según el autor, ¿cuáles son los dos significados de la profecía de Mateo 12:43-45?**
2.) **¿Cuál es la retorcida verdad sobre la unidad?**
3.) **¿Qué le reveló el Espíritu Santo al autor acerca de los demonios y la unidad?**
4.) **¿Hace cuánto tiempo oró Jesús para que viviéramos en la unidad? ¿Cómo deben responder los creyentes a esta oración?**
5.) **¿Cuál es el paralelo entre la Torre de Babel en Génesis 11 y el aposento alto en Hechos 2?**

Capitulo IX: Gracia y verdad

La luz nunca huye de la oscuridad. No es posible encontrar una habitación que esté lo suficientemente oscura como para poder ocultar una luz. No importa lo oscuro que parezca, no importa lo mucho que el diablo intente ganar, al final, perderá. ¡Nosotros, como creyentes, estamos luchando una batalla ya ganada!

No debemos temer a Satanás porque la Palabra de Dios nos dice: "...el perfecto amor echa fuera el temor. El que teme espera el castigo, así que no ha sido perfeccionado en el amor. (1 Juan 4:18). El amor que Dios nos tiene es perfecto, y es este amor que Él ha derramado abundantemente sobre nosotros a través de su Hijo que hace que no tengamos temor (Romanos 5:5).

Otra forma de vencer las artimañas de Satanás es permanecer en Jesús:

"Permanezcan en mí, y yo permaneceré en ustedes. Así como ninguna rama puede dar fruto por sí misma, sino que tiene que permanecer en la vid, así tampoco ustedes pueden dar fruto si no permanecen en mí.» Yo soy la vid y ustedes son las ramas. El que permanece en mí, como yo en él, dará mucho fruto; separados de mí no pueden ustedes hacer nada. El que no permanece en mí es desechado y se seca, como las ramas que se recogen, se arrojan al fuego y se queman. Si permanecen en mí y mis palabras permanecen en ustedes, pidan lo que quieran, y se les concederá. Mi Padre

es glorificado cuando ustedes dan mucho fruto y muestran así que son mis discípulos" (Juan 15:4-8).

¿Cómo podemos permanecer en él? Pasando tiempo con Él en oración, leyendo Su Palabra, meditando en quién es Él y pidiéndole al Espíritu Santo que esté con nosotros y nos enseñe Sus caminos. ¡La verdad prevalecerá siempre!

De lo que me he dado cuenta es que no importa lo desalentadoras que las cosas puedan parecer, aún no existe nada que sea imposible para Dios. ¡Un día el diablo será quitado de en medio para siempre! La Biblia nos explica que:

> *"El diablo, que los había engañado, será arrojado al lago de fuego y azufre, donde también habrán sido arrojados la bestia y el falso profeta. Allí serán atormentados día y noche por los siglos de los siglos." (Apocalipsis 20:10).*

El final de Satanás está cercano. Ya ha sido juzgado, y su tiempo se está terminando. Como creyentes, no debemos quedarnos dormidos. Debemos darnos cuenta de que ni la concepción oriental ni la occidental sobre Dios pueden vencer la obra del enemigo por sí mismas. Necesitamos tener una visión unitaria.

Cuando era niño de vez en cuando iba a la iglesia congoleña. Fue en estas iglesias donde vi el poder de Dios actuando por primera vez. El énfasis se ponía siempre en la verdad de Dios. Un día me invitaron a una iglesia americana, y allí aprendí sobre un Dios misericordioso. El énfasis en la iglesia americana era la gracia. Hay allí como un matrimonio entre la gracia y la verdad. La Biblia dice que: "La ley fue dada por medio de Moisés, pero la gracia y la verdad nos han llegado por medio de Jesucristo (Juan 1:17). Jesús siempre hizo todo de manera equilibrada de modo que estos atributos en Jesús no se eclipsan el uno al otro. Estaba tan lleno de gracia como lo estaba de verdad.

Muchas iglesias tienden a poner énfasis solo en una de estas dos características de Jesús. Algunas iglesias están tan enfocadas en la verdad que caen víctimas del legalismo. Se vuelven tan religiosas que provocan que muchas personas caigan en desgracia porque comienzan a creer que el cielo *se gana* en lugar de ser un regalo. Las iglesias con una visión más oriental, menos democrática por así decirlo, tienden a caer más fácilmente en el legalismo. Esto se puede comprobar, en parte, observando cómo el diablo las ataca: trata de infundirles terror a cada paso y, en ocasiones, también las persigue físicamente. Lidiar con este tipo de tensión puede motivar un estilo de vida más estricto porque para ellos es literalmente una cuestión de vida o muerte.

Por otro lado, tenemos las iglesias que predican solo la gracia. Esto guía a muchas personas a convertir la gracia en sensualidad, haciendo que descuiden el sacrificio de Cristo. Satanás entra aquí como un ángel de luz, diluyendo el Evangelio, apaciguando a los creyentes con experiencias hedonistas y una falsa sensación de comodidad, creando una existencia superficial y somnolienta para el pueblo de Dios.

Un buen ejemplo de esto es la saga de libros de Harry Potter. No conozco casi a ningún cristiano africano que los haya leído. ¿Por qué? Porque los encuentros con brujos y las repercusiones perjudiciales de la brujería y el vudú son una constante para ellos. Por el contrario, innumerables cristianos en Estados Unidos no ven ningún perjuicio en leer los libros o ver las películas. Para muchos de ellos, la brujería es algo sobre lo que se lee, un fenómeno ajeno que no se ve todos los días. Palabras como "bruja buena" parecen quitar lo malo de la situación.

Efectivamente, debemos fusionar nuestras mentalidades. Debemos someter nuestra comprensión del mundo a Cristo para que Satanás no pueda burlarse de nosotros. La Iglesia debe unirse, tanto en el Este como en el Oeste, y necesitamos ser lo suficientemente humildes como para aprender los unos de los otros. Cuando esto suceda, las tácticas de imponer miedo del diablo dejarán de funcionar y sus enmascaradas quedarán al descubierto.

Preguntas de discusión:

1.) **¿Deberíamos tenerle miedo a Satanás?**
2.) **¿Cuál es el método para vencer las artimañas de Satanás que es analizado en este capítulo?**
3.) **Según el autor, ¿qué debe pasar con la visión occidental y oriental?**
4.) **¿De qué tipo de matrimonio habla el autor?**
5.) **Según el autor, ¿en qué forma las personas manejan mal la gracia y la verdad?**

Capítulo X: El destino final de Satanás (Poema)

En los últimos días, el hombre su propia alabanza buscará,

y el engaño establecido desde el origen estará.

Las naciones se alzarán en contra de naciones, todo por las palabras de

políticos y nuestros medios de comunicaciones.

Se producirán peleas entre blancos, negros, morenos y asiáticos.

Los desastres naturales son inminentes;

terremotos y pestilencias hacen esto evidente.

Algo de esto ya hemos presenciado: con el Covid-19 lo hemos observado.

Muchos dirán: "ahí está la puerta".

Rumores de guerra.

En Mateo 24, profecía expuesta.

Pero, aun hay más:

Lo que acabo de decir son como contracciones.

El enemigo usará variadas distracciones.

Las personas dirán que aman, pero carecerán de románticas acciones,

La humanidad se volverá aún más maliciosa,

especialmente aquella que es demasiado religiosa.

La abstinencia será sustituida por la tolerancia.

"Paz, paz", dirán, pero en un día, la destrucción les sobrevendrá.

Muchos caerán.

La persecución aumentará, la ley disminuirá, el perdón cesará.

Las malas intenciones mencionadas y sancionadas serán.

En medio del caos, se levantará alguien para salvar,

Este usará cualquier cosa para ganar, incluso los diferentes tonos de la melanina, nuestro color de piel utilizará.

Sus palabras el mundo creyó, a ti también te engañó.

Mentiras se respirarán que al espíritu afligirán.

Él proclamará, "el odio está vencido", y como si fuéramos uno, a marchar nos animará.

Armas no pidas, solo amor es lo que necesitas.

Las multitudes seguirán esta nueva visión y serán persuadidas a una sola religión.

Lo seguirán, creyendo que es un ser celestial.

Que con mucho gusto los conducirá a un gobierno mundial.

Sus verdaderos motivos estarán ocultados, para que se pueda cumplir lo que ya está profetizado.

Dentro de él estará Satanás.

Debido a la codicia del mundo, su pacto de 7 años firmará.

En sus dispositivos y televisión todos lo verán.

A la mitad esa paz será interrumpida, "soy una especie de dios" cavila.

Al final, los judíos, de esas mentiras llegarán a la conclusión.

Y con maldad en los ojos buscará, de los judíos, su desaparición.

Los que murieron en Cristo se levantarán, y con ellos, a los cielos, los creyentes arrebatados serán.

Momento de silencio celestial...

La tierra estará llena de jactancia y de criminal.

Una vez, pensamos que éramos dioses y adoptamos una postura rebelde.

Acepta la marca, es tu única oportunidad.

Tómenla y aún podrán jugar y bailar.

“Sí”, respondieron los que no pudieron aguantar; con ella se fue su seguridad.

Llenos de confianza, tomaron el mal camino, y reír el ultimo era su esperanza.

Pero en cambio, la turbulencia y la ira de Dios recibieron,

Y la tierra fue sumergida en un baño de infierno.

En un momento dado, los cielos se abrirán, a Aquel, en quien los cristianos ponen su esperanza, todos verán.

Llegando con diez mil de sus santos para poner en restricción a aquellos que vivían en la perdición.

El mundo al unísono estará, pero, como una espada, Él Su Palabra usará y a todos aquellos hacia los que cabalgaba, desmantelará.

Sus pies el suelo tocarán y la montaña se partirá.

Él es rey y Señor; el mundo entero admitirá.

Gobernará con cetro de hierro, y el mundo se someterá.

A un abismo el diablo arrojado será.

El reinado de los 1.000 años a esto lo han de llamar.

Oren y esperen que ustedes a él puedan entrar.

Después de los 1.000 años al diablo nuevamente se pondrá en libertad para los corazones de los hombres comprobar. Esta parte, no la logro interpretar. Para sí un ejército tan numeroso como la arena reunirá. ¿Cómo uno puede al Hijo del Hombre traicionar? La profundidad del corazón humano se debe de enderezar.

Esta vez, el fuego descenderá y a todos los que marcharon contra la corona de Cristo consumirá.

Algunos dicen que todo lo que sucederá es una completa aniquilación.

¿Qué tal una eterna condenación?

Porque todos los que se rebelaron, todos los que están en el infierno ante el trono de Dios vendrán. Rechinando los dientes estarán. Dudo que estos en sus pies se mantendrán.

Porque rechazaron el único deseo que podría más alto haberlos llevado. Y eligieron al padre de los mentirosos a cambio.

Ahora al lago de fuego serán arrojados.

Después de esto viene una nueva tierra, un nuevo nacimiento.

No más lágrimas, no más años, no más sufrimiento.

Todo cambiará, pero permanecerá sostenido por Aquel que por nada es contenido.

En este lugar, finalmente podremos el rostro de Dios contemplar, ¡la máxima felicidad!

¡Nada extrañaremos, porque sabremos que suyos seremos!

Bibliografía

[i] (n.d.). Accedido el 2 de julio de 2020, de https://biblehub.com/greek/3180.htm

[ii]Answers in Genesis. (n.d.). Accedido el 2 de julio de 2020, de https://answersingenesis.org/

[iii] Abarim Publications. (n.d.). The amazing name Gabriel: Meaning and etymology. Accedido July 02, 2020, from https://www.abarim-publications.com/Meaning/Gabriel.html

[iv] Apologetics Press: Christian Evidences |. (n.d.). Accedido el 2 de julio de 2020, de http://www.apologeticspress.org/

[v] Itobaal Definición y significado - Bible Dictionary. (n.d.). Accedido el 2 de julio de 2020, de https://www.biblestudytools.com/dictionary/ethbaal/

[vi] Ezequiel 28. (2019, May 06). Accedido el 2 de julio de 2020, de https://enduringword.com/bible-commentary/ezekiel-28/

[vii] Capítulo 4 de Daniel. (2018, June 21). Accedido el 2 de julio de 2020, de https://enduringword.com/bible-commentary/daniel-4/

[viii] Day-Star Definition and Meaning - Bible Dictionary. (n.d.). Accedido el 2 de julio de 2020, de https://www.biblestudytools.com/dictionary/day-star/

[ix] Capítulo 14 de Isaias. (2018, June 21). Accedido el 2 de julio de 2020, de https://enduringword.com/bible-commentary/isaiah-14/

[x] La primera persecucion de Neroón, A.D. 67 - Fox's Book of Martyrs. (n.d.). Accedido el 2 de julio de 2020, de https://www.biblestudytools.com/history/foxs-book-of-martyrs/the-first-persecution-under-nero-a-d-67.html

[xi] *Why is a lion's Roar so loud?* Science ABC. (2022, January 16)

[xii] (n.d.). Accedido el 2 de julio de 2020, de https://biblehub.com/greek/1228.htm

www.ingramcontent.com/pod-product-compliance
Lightning Source LLC
LaVergne TN
LVHW081301100826
845148LV00005B/940

* 9 7 8 1 7 3 7 3 2 5 9 7 0 *